OF LOVE AND DEPARTURES

Julieta Corpus

PoETRY COLLECTION

EM-EDITORIAL

Edition © 2020 EM Editorial
Cover design © 2020 E. Rodríguez
Translation: Julieta Corpus

Prohibited the total or partial reproduction of this book contents without the express consent of the author and the publisher.

Copyright © 2021 Julieta Corpus
All rights reserved.
ISBN: 9798511424835

For those who have lost a loved one and understand that mourning is an ongoing process of fastening a sigh to a memory.

Contents / Contenido

A prayer for grief / Una oración para el duelo	9 / 77
Rush / Deprisa	10 / 78
Dread / Pavor	11 / 79
Powerless / Impotente	12 / 80
Echoes of my mother / Ecos de mi madre	13 / 81
I am / Yo soy	14 / 82
I fall in love / Me enamoro	15 / 83
DNA / ADN	16 / 84
Dark illusion / Ilusión oscura	17 / 85
Dreamer / Soñador	18 / 86
Interview with a cancer patient's wife / Entrevista	19 / 87
If I leave before you / Si me voy antes que tú	20 / 89
Two men descending / Dos descendiendo	21 / 90
Her first ten days / Sus primeros diez días	23 / 91
Yolquetza	24 / 93
Ungrounded / Descentrada	25 / 94
This world / Este mundo	27 / 95
La Llorona	28 / 96
Bone Cage / Jaula de hueso	29 / 97
Graduation ceremony / Ceremonia de graduación	30 / 98
Empty / vacía	31 / 99
Disrepair / Deterioro	32 / 100
Some days / Algunos días	33 / 101
I give myself permission / Me doy permiso	34 / 102
Weavers / Tejedoras	35 / 103
How to prepare your mind for a limpia / Cómo preparar tu mente para una limpia	36 / 104
Bittersweet / Agridulce	37 / 105
Purpose / Propósito	38 / 106
Persistence / Persistencia	39 / 107
Dark promise / Oscura promesa	40 / 108
Heartbreak / Corazón roto	41 / 109
That sadness / Esa tristeza	42 / 110
Avoidance / Evasión	43 / 111

Healing blanket / Cobertor sanador	44 / 112
God of wind / Dios del viento	45 / 113
Five full moons ago / Hace cinco lunas llenas	46 / 114
You / Tú	47 / 115
Dark August / Negro agosto	48 / 116
Imperatives for carrying on / Imperativos para continuar	49 / 117
Memories / Memorias	50 / 118
Remnants of you / Restos de ti	51 / 119
Permanence / Permanencia	52 / 120
Drumming / Tamborileo	53 / 121
In dreams / En sueños	54 / 122
The rising / El ascenso	55 / 123
Resolve / Determinación	56 / 124
Reminiscence / Reminiscencia	57 / 125
Transformation / Transformación	58 / 126
Above all / Sobre todo	59 / 127
Transcendence / Trascendencia	60 / 128
Inner fire / Fuego interno	61 / 129
Yesterday / Ayer	62 / 130
The truth is / La verdad es que	63 / 131
Teachings / Enseñanzas	64 / 132
Before nightfall / Antes del anochecer	65 / 133
Inner peace / Paz interior	66 / 134
Heart song / Canto del corazón	67 / 135
Burnt / Incinerada	68 / 136
Grey / Gris	69 / 137
I will say goodbye / Diré adiós	70 / 138
Musical anatomy / anatomía musical	71 / 139
Poems burst forth / Brotan poemas	72 / 140
The author / La autora	143 / 146

A prayer to grief

If deep wounds reopen,
allow them to breathe.
If it burns inside you,
extinguish it with sage.
Wear your grief around
your neck like a rosary.
Do not ignore the pain,
let it howl.
Even if it tears your
larynx apart—a temporary
setback and nothing more.
Unearth every memory of him.
Inhabit each scene and live it.
Freeze time in your mind until
gricf restarts the clock.
Allow it to consume you.

Rush

Dawn. Alarm rousing us from
sleep. I shower, change, rush
downstairs. He will join me later,
downstairs at a slower pace. A million
thoughts converging, dissipating.
Goodbye summer. Back to work.
A return to routine's endless loop.
Rushing everything, even kissing
him before I leave.

He is on the sofa, eyes closed, the
room in semi-darkness, hurting—
always hurting. Chemo is the fire
burning him alive, not the cancer.

Exhale. Try to walk by without
waking him. He speaks, *Can you
smell the aroma of watermelon out
there?* Startled, I poke my head
through the door and inhale.
Yes. I do!
A dim chuckle in his voice,
That's the ocean.
Smiling, I give him a long, slow
kiss and walk out the door, still grinning.

Dread

Dread threatens to conquer his mind and body
when shadows lengthen. He feels a familiar tingling
on the tip of his fingers. It is useless to fight.
Methodically, he starts putting away each tool,
then walks inside to lie on the sofa.
He already knows what awaits him—lava is running
through his veins. The poison called chemo demands
a forty-six hour sacrifice of rest.

In the patio:
Half-painted benches, rusty hinges, overhanging
branches, out of control weeds, a leaf-strewn deck,
nearly rotted stairs, and an unfinished bracelet-holder.
These tasks can wait, his tumor will not.

Powerless

No one prepares you
for the constant knot in your throat,
the painful pangs in your chest,
eyes brimming with tears,
a clenched jaw to keep from screaming,
the heart's thunderous beat with each diagnosis,
the weakness in your legs,
a churning in your stomach,
some breathing difficulty,
your thoughts: a raging fire,
the scarcity of words, and the impotence
of watching a loved one crying in pain.

Echoes of my mother

He never met her, yet they share
the same type of cancer which killed her.
I see and hear echoes of my mother:
every time I see him grimace with pain,
every time he cannot rise from the sofa or the bed,
every time he places his hand on his abdomen,
every time I see him staring off into space,
every time I help him get dressed,
every time I see his emaciated nakedness,
every time I offer food, knowing there is no appetite,
every time I watch him sleep,
every time I give him his pills,
every time I help him dress,
every time he leans on me for anything.

I see and hear echoes of my mother every time
I sit with him at the hospitals, and the clinics,
every time the nurses attempt to find one of his good veins,
every time he wakes me up at night with his nightmares—
those damn echoes are always in my mind.

I am

I am
a tendril, a flame, and a wild impulse,
a piercing scream rousing mad crows,
a memory depository for your pain,
an embrace in the midst of sorrow,
a wet whip to placate your demons,
I am not a woman—
I am a neutered being.

I fall in love

I fall in love with my hands
seeking your face each morning.

I fall in love with my voice
becoming husky, saying I love you.

I fall in love with my arms
embracing your frail frame each night.

I fall in love with my eyes
welling up with tears seeing you in pain.

I fall in love with my body
which still thrills at your touch.

I fall in love with my lips
pressed against your soft ones in a long kiss.

I constantly fall in love with this heart
filled with wonder that you love it, too.

DNA

If you wish to trace my DNA, just
follow the trail of tears.
I have spilled them in restaurants.
I have shed them inside the car.
I have smeared them on pillows.
I have dropped them in tequila shots.
I have soaked outfits with them.
I have left them on friendly shoulders.
I have mixed them with his tears.

When you come to visit, thread with care...
there is a pool of saltwater on the patio.

Dark illusion

This is where I lose you,
between the fogginess of last night's dream,
and this morning's caustic reality. I am sitting
on a slow-moving see-saw suspended from
a cloud. I see you grinning at me from the
opposite side. Time is the thread, and I am
the needle.

This is where I lose you,
where the ground beneath me sprouts fetid mushrooms.
I bury my toes in the moss and prepare for the worst.
The world is a magician of dark illusion ogling me
through a rusty keyhole.

This is where I lose you.
This is where I jump into the abyss.

Dreamer

We tread softly around his niche.
Nary a sound, nary a sigh
while the dreamer sleeps.

Winter has stolen him from us.
No food and no water until springtime
while the dreamer sleeps.

Winter has lulled him.
Spring will revive him.
Every dreaming creature must
eventually awaken.

Interview with a cancer patient's wife

She sits across from me, avoiding
eye contact. Hands resting on her lap.
Lips tight, fists clenched.

I begin:
"Do you love him?"
"Yes"
"Do you feel helpless?"
"Yes"
                                          (A hairline crack forms at her feet)
"Do you think he'll be alright?"
"No"
                                          (The crack widens, now a fissure)
"Does he have good days?"
"Yes"
"Does he have bad ones?"
"Yes"
                                          (The fissure becomes a fault)
"Is he in constant pain?"
"Yes"
                                          (The fault stretches towards her)
"Do you listen for his heart while he sleeps?"
"Yes"
                                          (Her eyes fixate on the crevice)
"Do you sometimes avoid looking at him?"
"Yes"
                                          (Her foot dangles near the edge)
"Do you ever stop yourself from screaming?"
"Yes"

"Are you afraid you won't stop?"
"Yes"
                    (She slides into the aperture up to her waist)
"Has he made his peace with death?"
"Yes"
"Have you?"
"No"
The hole swallows her up.
«End of interview»

If I leave before you

Write a poem about happy arrivals,
not inevitable departures.
Take nocturnal walks along the
ocean, inhale its essence.

Sit beneath a tall huisache, cover
your body with its fragrant blossoms.
If you are working outdoors, stop and
watch the butterflies, talk to them.

Sleep outside on full moon nights,
feel the breeze caressing your skin.
Let Mercedes Sosa lull you to sleep
with songs about life, love, and death.

Visit my salty grave every November,
read your latest poems out loud.
Remember me the way I was
when you first met me.

If I leave before you, please
do not grieve for too long. Remember
what I have always told you:
If I leave before you, I will be waiting.

Two men descending

The man from the funeral home arrives
dressed in black, wearing a silver bolo tie.
With a *Good evening, Ma'am*, he steps
inside the house. *On behalf of my employer
and myself, you have our most sincere
condolences.* He shakes my hand; I nod.
Without further delay, he turns towards the
hospital bed and starts wrapping my husband's
body inside a blanket. It is a humid March,
large drops of sweat appear on his forehead.

Three things happen in quick succession:
(1) The man hoists Arturo over his left
Shoulder, immediately breathing heavy.
(2) He places a red plastic rose on the bed.
(3) Then, making a quick comment about the
high levels of humidity in South Texas,
he steps onto the deck and starts descending
the staircase, one step at a time.

Suddenly, he stumbles, and my husband's
head lolls side to side. I gasp, then quickly
stifle a giggle, knowing that Arturo would have
laughed at the absurdity of death.

The man steadies himself, chuckling nervously,
I'm okay. I remain standing at the top of the
stairs, watching until the night swallows them.
I, too, will be okay but not tonight.

Her first ten days

The first day after his death, the widow crawled inside cicada shells, swallowed a fistful of thorns from a grand retama tree. She then gathered each sigh trapped beneath the floorboards, quickly flung them out the window.

The second day after his death, she dressed every chair with his favorite shirts, filled every sock drawer with river rocks and embroidered a black shawl with cobwebs.

The third day after his death, she asked the ocean's permission on his behalf, burned sage to smear the ashes on every mirror. She made a quilt with pages from his poetry to hear the echo of his voice while she slept.

The fourth day, every ghost from his past paid her a visit: men, women, children, and beasts gathered in her living room. Standing tall, she pried open her rib cage and displayed her scars.

The fifth day, she spent hours carving his story on garden stones. She used them to form a rock cairn, an inukshuk to honor his memory.

The sixth day after his death, she collected his ashes barefoot to feel the agony of his loss. Afterwards, she mixed them with glitter to create a new galaxy in the vacuum between her thighs.

On the seventh day, she devoured a plateful of forgotten sorrows left in the cupboard over Easter. She threw the bones into the neighbor's yard and watched their dogs chew sinew.

The eighth day, she awoke to a mighty roar which she followed to the water's edge where the silence made her realize that the sound had come from her own heart.

The ninth day, she wove a crown with bougainvillaea, pink laurel, and morning glory. Then, she pierced together ebony tree pods to make a necklace.

The tenth day, she waded into the ocean with his ashes inside a gourd. The widow emptied them into the open mouth of a baby dolphin who materialized after calling her husband's name three times. It was an incantation she had learned from her mother to summon the dead.

A pelican brought her home before nightfall.

Yolquetza

I am this being crafted with sighs.
I expel corrosive fumes, inhale
vapors of disquiet.

I am this being crafted with sighs.
I profess to speak with gods,
genuflect before the moon.

I am this being crafted with sighs.
I retreat into my bones, wring
every thought until dry.

I am this being crafted with sighs.
I reveal it all with words—
crickets live beneath my tongue.

I am this being crafted with sighs.
I use my nails to shred silence,
howl away pent-up grief.

I am Yolquetza.
I am Despair.

Yolquetza, Náhuatl for despair

Ungrounded

After I have listened to voicemails
from bill collectors, cleaned
the house, and done the dishes—

After I have brought our tortoise inside
from the patio, watered the leafy
plant on the deck, closed every
window, and grown weary-eyed from
watching too much television—

After completing each daily ritual,
I pause before your photograph.

Sharp inhale because
Memories of you stab me, fill
my mouth with sand, make me reel,
provoke tremors that shake the core
of my being,

You are not here.
You will not come back.

Painful exhale because
Your absence has carved a niche
beneath my left lung.

This world

This world is too much without you.
A zealous sun scorches the bed sheets
each morning. A multitude of bird songs
penetrates delicate crevices.

Cacti spines leap off, piercing flesh. Fist-sized
figs ripen out of reach. Even our Morning
Glories have become nocturnal.

This world is too much without you. Its weight
has been slowly crushing me for some time now.
Gravity, I surrender.

La llorona

I am La llorona, llorona spilling
tears along Highway 48. Hands
gripping the steering wheel, struggling
to stay in my lane.

I am La llorona, llorona sobbing
bitterly, a total wreck. Not haunting
rivers looking for my children—
I just want my loved one back.

I am La llorona, llorona exhausted
from living day to day. Everything
takes tremendous effort, especially
getting out of bed.

I am La llorona, llorona apologizing
because I lied. This morning I promised
him that I would not cry.

Bone cage

Someday, I will escape
this prison of bone and sinew.
I will no longer be afraid of
shaky legs collapsing,
non-rotating shoulders,
tingling on my fingers,
cramping toes at midnight,
excruciating headaches,
lungs not fully functional,
entrails at constant war.
Someday, I will finally escape
this prison of bone and sinew
and finally be at peace.

Graduation ceremony, Spring 2016

Beaming faces as the graduates walk
across the stage. We smile at the world.
I can almost hear your distinctive voice
telling me how proud you are.
Tears sting, but I don't allow them to fall.
This dam can hold back a river.

Minutes before the ceremony ends,
thunder rattles windowpanes. Incessant
rain awaits us when we exit the McAllen
Convention Center.
Gowns flap around our ankles,
tassels whip our faces.
People run to their cars.

I slow down, dance with the wind, face
upturned to swallow the thunderstorm.
Mom believed that rain during a funeral meant
your loved one was at peace. It must be
the same for a graduation. Did you and Tlaloc
conspire, my love, to provoke a deluge?

As I approach my vehicle, a mockingbird erupts
in a serenade from a nearby anacua tree.
The dam trembles but remains steady.

Empty

A hollow is a hollow, an emptiness.
You are no longer here.
I live with this raw truth every day.
A hollow now where my soul used to be.
A hollow now through which the wind
conducts an entire symphony.
I have searched and come up empty.
You are not hiding beneath the granite
of my skin.
You are not lost in the shadows under
my eyes.
You are not crawling amid nocturnal cobwebs
of grim thoughts. Simply put:
you are gone.

Disrepair
Noun: Poor condition due to neglect.

One of the wooden planks on our deck is loose.
It makes a mewling sound when stepped on.

A vertical gash runs vertically along the East wall.
By now, it resembles the San Andreas Fault.

Tall weeds protrude from gaps between the unfinished
sandstone steps in the patio.

Everything lies in a state of disrepair since you left.
Unfinished projects reproach me from every corner:
light bulbs need to be replaced,
flashlights need new batteries,
the garage is a complete mess.

Too many things require your attention. This entire house
moans, groans, and whimpers at night.

So do I.

Some days

Some days are better than others.
Some days, I laugh with more ease.
Some days, I hear your encouraging voice.
Some days, my tears dry quicker.
Some days, I am full of plans and hopes.
Some days, I smile at the memories.
Some days, I cannot fill all the hours.
Some days, this house is too big.
Some days, I want to feel your embrace.
Some days, I refuse to believe you are gone.
Some days, I cannot find my smile.
Some days, this world simply collapses around me.

I give myself permission

I give myself permission
to cry whenever and wherever I want to,
to walk around talking to your ghost.
to kiss your photograph and compliment your face,
to laugh out loud recalling one of your comments,
to catch my breath as I listen to your old voice messages,
to stop in mid song and cry,
to say your name three times into the wind like an incantation,
to ask the universe that you visit me so I can embrace you,
to get angry at you for leaving too soon...
I give myself permission to fall apart.

Weavers

Zeus punished Prometheus by giving him
a self-regenerating liver that is devoured
by vultures again and again. I have been
cursed by Arachne with industrious spiders
constantly weaving an infinite network
of silver wonders.

Every second of the day, a troupe of
diligent arachnids weave yet more
fragile cobwebs under chairs, inside
coffee mugs, and on top of dressers,
bookcases, and curtains.

Yesterday, I surprised two spiders
wrapping your photo inside a cocoon.
Now, I wait for your wings to sprout,
free you from webbed captivity.

How to prepare your mind for a limpia

In the recesses of my mind there is a zaguán.
The zaguán leads to a central patio where a tall,
verdant pirul looms above most of
my childhood memories.

Ancient faces peer through the branches with
mouths open wide. Their lips move to form words
burdened with truths. These scatter over my head, and
heart begins to sing. The pirul aids in the limpia.
The healing begins through poetry.

Limpia: A cleansing with herbs & flowers.
Zaguán: A passageway that leads to a patio.
Pirul: A tall, green tree associated with curanderismo.

Bittersweet

The word follows me home, taps my shoulder
as I insert the key to open the door. It declares
its love at a light breeze blowing in from the
Laguna Madre.

Bittersweet whispers in my ear,
I watched your face as you drew
his name on the sand.
Bittersweet walks into the bedroom with a whisper.
This is only temporary.
Bitter lies next to me without embracing.
Bitter holds my hand until Sweet visits me
in dreams. With a sigh Bitter leaves, and
Sweet remains.

Purpose

The purpose of this poem fills
this house, scratches the walls,
rattles the shutters,
spills out onto the patio,
cradles a sleeping tortoise,
injects honey and cinnamon into every fruit tree,
disturbs the lizards,
scares away woodpeckers,
lifts each rock to peek at what is beneath,
and then caress the worms.

This poem catapults itself into
the blue sky, invoking a rainstorm.

The purpose of this poem coils
itself around my heart, squeezing—
it reminds me that it has been two
months since someone announced
that you were gone.

Persistence

Lacking a shadow, you are reborn
within me like a lotus flower—blissful,
purity illuminating most dark days.

In dreams, I hear a voice calling
from the ocean. I see waves placing
three syllables upon the shore, then
quickly devour them.

Ceaseless meander covered in ashes
throughout an empty house, howling.

Lacking a shadow, you fatigue memory,
hollowing out this frail flesh
with your absence.

Dark promise

Spring is painful to her.
Spirits of renewal crawl along
green edges until they grow wings
and take flight.
The mysterious scent of shed skin
serves as reflection.
She chooses to stay hidden.
Her lair is a thing built
with soft feathers stolen from dreams.
Spring, she says, fails to revive this
dormant heart from winter's sleep.
A hibernating tortoise burrows nearby
in silent solidarity.
Sometimes, the gentle creature emerges,
and she becomes besotted
by its innocuous gaze: *If only I, too, could
escape from spring's dark promise of hope,
permanently.*

Heartbreak

I became sargassum.
Adrift in the vastness of the self.
Bounded but boundless.
No land in sight for shipwrecks.
If there was, I would
summon sharks to protect it.

Day after endless day, migrating
birds alighted to forage for tiny morsels.
Hidden treasures trapped within my fibers.
Turtles laid their eggs. I guarded them,
delighted with all the new arrivals.

My womb was wise to have withered.
It entered a strange hibernation.
It knew something I did not.

Heartbreak,
I am now the Sargasso Sea.
Forever reflecting the blue skies
of my vanishing youth,
bracing against storms.

That sadness

That sadness haunts her, injects
her voice with a shimmer of tears.
When she speaks, a flock of purple martins
leave her lips, fly South.

They return when Spring kisses the earth,
build their nests against her ribcage,
sate their hunger with her nostalgia.

Avoidance

Since I lost you, I turn away whenever
a couple embraces, kisses, touch,
hold hands, laugh, celebrate anniversaries,
take road trips, act silly, make love,
take care of each other, grow old together.

This avoidance at witnessing someone else's
happiness is a temporary cure for a broken heart.

Healing blanket

The dreamworld holds me captive beneath a turquoise blanket that my late husband bought in Costa Rica. I am sitting between two women who speak a foreign tongue. Their brown, withered hands place fragrant ointments on my exposed skin. Their thin lips open and close, weaving healing prayers above me. Mayan, perhaps?

The dream releases me. I wake up moaning and whimpering. No praying women in sight, and his ashes have long-since mixed with the ocean's currents. The blanket lies crumpled in a heap on the floor. While my pulse is still quite high, a memory returns: His deep voice recounting his purchase of the blanket.

The man selling it told me the blanket possessed healing properties. Sure! He probably used that line with every tourist.

I remember laughing along with him, but secretly wishing that a piece of stitched fabric could cure his cancer. It did not.

Later that morning, I fold the blanket And drop it into a donation bin. It has only brought nightmares.

God of wind

Ehécatl
Ehécatl
Ehécatl

I say your ancient name when you whistle through the door.
You are searching for the man who wrote your odes.
He is not here.
Mictlantecuhtli took him.
In one of his poems, he described you as a trickster,
a mischievous entity.
He revealed you as as an erotic being, lifting women's skirts.
He said you were a screwball, yanking umbrellas off people's hands.
In my favorite line he said you were a musician making trees sway and dance.

Ehécatl
Ehécatl
Ehécatl

Tonight you came seeking another poet to resuscitate your myth.
Look no further.
Here I am.

Five full moons ago

Death succeeded in depriving
me of your physical presence,
but you have not left my side.

I see your smile.
I hear your laughter.
You dance across my mind.

Five full moons ago, I said goodbye.
I wonder how many moons still
remain before I, too, exhale
my last sigh and see you again.

You

Inexplicably interwoven in every mockingbird's' song notes,
navigating upon breezes sweeping in from the Laguna Madre,
trapped in the reptilian gaze of lizards clinging to azure walls,
dancing to the rhythm of waves from a besotted ocean's caress,
straddling slow-moving clouds scattered across nocturnal skies
brimming with birds,
ringing in the laughter of seagulls circling above
a blue house in flames,
ricocheting in the echo of my voice, hoarse with emotion every
time I say your name,
saturating my tears with remembrance as they spill and spill,
unrestrained,
upon my chest,
reverberating with each beat from this heart torn to pieces
because of you.

Dark August

Six months ago, I kissed you for the last time.
Soon after, a bird song died inside my chest.
An X now marks the spot. I tiptoe around it,
as memories of you waltz across my mind.
Restless oceans barge into every dream,
leaving nothing but traces
of sand and salt.

At night, tears of remembrance dampen every sheet.
I honor your memory by writing a poem
whenever the ocean's scent brings you to me.

Imperatives for carrying on

Cry when necessary.
Say his name aloud every time an ocean breeze
brings a memory awaiting resurrection.
Do not ignore the outside world which beckons
with fragrant blooms, the hum of honeybees, and
a periwinkle sky.
Mark the sixth anniversary with a journey
to his favorite place.
Stay a while and reflect on your loss—
Pick wildflowers, fall asleep, invoke his ghost,
sing a song you just heard on the radio,
recite the first lines of "IF" by Rudyard Kipling.
Visit the nearest river to placate your thirst,
Water is life he wrote once in a poem about
the ocean.
Marvel at everything you carry in your heart still
beating to remembered laughter, anecdotes, and
the incredible love story woven by both of you.
Sitting by the water's edge one day, you will hear:
Grief is the price you pay for love...
Allow yourself to collapse beneath the weight of those words.

Memories

Memories are white lily pads,
floating softly on murky water.

We tread lightly upon some of them,
timorous they will dissolve.

Others, we firmly plant both feet
and remain still, praying for stability.

Remnants of you

I interact with your ghost,
reading old texts from the cellphone.
Your voice comes alive.
I hear its playful tone.
I see your smile when I close my eyes.
I see the tiny wrinkles around yours,
so expressive.
Your messages encapsulate your daily routine:
morning greetings,
medical updates, short errands
into pharmacies, about your struggle
to eat solid foods, and some mention
of your pain and discomfort.
I smile at your compliments.
I smile at your sharp wit.
I smile at your observations.
I smile at your attempts to include emojis.
I do not fight the tears when they come.

Permanence

You are still there beneath the shadow
of our ebony tree, laughing uproariously.
I know it is you marking a path of salt
towards the ocean. I play hide-and-seek
with your grey beard, resting my sadness
upon your shoulder.

At times, I distinguish your profile amongst
the fig leaves. I stay for a while and talk with
the breezes which conspire to shape and then
undo your contours.

You are still there, poised as a butterfly sipping
from the petals of my silence. I see your resilience
in the stubbornness of our cactus blooming once
a month.

Sometimes you leave—in the interim, I feed on
cobwebs suspended in time. I dance a barefoot
waltz with torn pages from the wall calendar.
Upon your return, everything acquires the honeyed
scent of permanence.

Drumming

A woodpecker's persistent drumming
awakens me from a dream about you.
I try to recall it but only remember fragments.

The intruder renews his attack
on our wooden beams, shattering all peace.

Blinking, yawning, and stretching, I step
onto the balcony. A glimpse of a vivid red
head seems to mock me from the mesquite tree.

Just months ago, you were near me, aiming
a slingshot at the home wrecker. You grazed
its wing, and I protested. You replied:

What else can I do? Look at the damage done.

Your voice comes through loud and clear.
A pinprick of grief makes me gasp for air...
I miss you. I miss you. I miss you.

Your final departure, a red-crested woodpecker's
sharp beak drilling a crevice in my heart.

In dreams

Ocean waves reach out to taste you,
cerulean skies discharge multi-colored blooms,
the living dead shuffle through every city,
an armless dwarf narrates her life,
an Italian opera moves you to tears,
a cloud filled with stars descends at your feet,
ancient gods announce your mother's death,
you speak in tongues with strange people,
your childhood town comes alive at your presence,
you and your beloved hold a long conversation.
sharp-beaked ravens stalk from high, taut wires,
sinkholes appear to swallow you up,
a magic carpet ride is entirely plausible,
you see your loved ones alive again
in dreams.

The rising

A beam of sunlight reveals a translucid
exoskeleton attached beneath the staircase.

The cicada's aperture along its torso,
signals a triumphant departure from its frail body.

Jubilation!
Another sound trembles amid summer's chorus.

Why then, a cicada's rising brought me to tears?

Resolve

I wake up to the world's dark side, an
amber alert is making the cell phone
vibrate. A micro fiction starts brewing
in my sleep-addled brain:
*Must be another disgruntled parent who
has taken things too far.*

Still in bed and browsing through social
media, I read about a former high school
classmate who has succumbed to cancer.
The tragic news only strengthens my resolve
to live and love, and live and love some more.

A phrase that could easily have come from
my late husband comes to mind:
*Our time on earth is fragile; we must make the
most of this life by living it.*

Outside, a cinematic sunrise dispels all
gloom. I think about my young niece lying
on the sofa downstairs. She came to keep me
company for the weekend. But then, unbidden:
*The sofa where he exhaled his last breath
months ago...*

A heaviness settles on my chest and lingers.

Reminiscence

This is where the poet holds her breath
and unpleasant truths gradually burn,
where her heart, once aflame, is now ashes.

This is where whispers ricochet off walls,
percolating throughout the house until she pummels
each murmur with a sledgehammer.

This is where memory. This is where love,
where the poet sleeps next to his ghost,
embalming her sorrow in love and reminiscence.

Transformation

Open your eyes,
look out the window,
past his side of the bed,
              stretch.
Mull over plans,
rearrange priorities,
let your gaze fall
upon his empty pillow,
swallow the first bitter pill,
walk downstairs, along the way,
block every pain-filled memory,
              prepare coffee.
Sip and reminisce old conversations,
hear his voice in your mind
deep and loving
swallow the second bitter pill,
become a hummingbird,
spend the rest of your day
seeking only the sweet.

Above all

From low to high, her grief
tide climbs.
From high to low,
it sinks.
No one is allowed
to graze her buoyancy.
She has been known
to hold the same pose
for hours and hours,
amen.

Transcendence

In the absence of sparrows,
the word *solitude* gains substance.

Fall breezes stir empty branches,
and a gray sky sighs unburdened.

That's when she begins to levitate...

Inner Fire

I remain standing, even after life's sharp claws, and its visible scars on my flesh.
I balance a hummingbird's nest on the tip of my tongue, as I battle with this grief.
I hasten my pace whenever shadows threaten to trip me, embrace me, strangle me.
I laugh uproariously to scare away her ghost before each sunrise.
A soft, white beard brushes against my face while I sleep. I know it's him.
Whenever dangerous, dark figures gather around me, I exhale internal flames and turn them into ashes.

Yesterday

Yesterday, your death stilled
the wind—unhinged
a roar from the other side
of silence.

Yesterday, your death sliced
this heart into two halves:
one piece fell into your mouth,
the other was stolen by a Cenzontle.

A dream revealed where the rest
of my heart lay. The clever
bird had woven twigs and dried
leaves around it, making a nest.
Inside the nest, the promise
of new life.

The truth is

Hummingbirds avoid our flowers—
your absence has tainted their nectar.

Mockingbirds fly in and out of our garden—
but fail to weave any nests.

Our pelicans permanently changed their route
the day after your departure.

Lizards scurry in every direction, avoiding
my presence, hiding under rocks all day.

Butterflies continue building their cocoons,
but only in our neighbor's hibiscus flowers.

Even our tortoise seems to search for you,
traversing the patio throughout the day.

The truth is, the sun itself fails to give heat
since your departure, my love.

Teachings

In the few years we shared, you taught
me the name of wildflowers, explained
climate change, your religious views, lizard
behaviors, ocean tides, favorite authors,
gentleness, generosity of spirit, the names
of constellations, poetry editing, your mother's
sacrifices, sibling horrors, solar and lunar eclipses,
You taught me about passion, a moth's fragile beauty,
self-acceptance, safety in your arms, the art of
conversation, to love your beard, and to love you….
But forgot to teach me how to navigate through grief
after your departure.

Before nightfall

A hummingbird will feed from one hundred flowers
for sustenance,
a mockingbird will serenade us
with four hundred songs from his repertoire,
lizards will scurry around our patio
consuming a multitude of tiny insects,
a fig will begin to ripen in the highest branch of our fig tree
weeds will grow taller, and a lot sturdier
beneath our kitchen window.

Before nightfall,
I will caress every loving memory of you in my mind,
I will say your name into every corner of this house,
I will stand before your photograph
and trace your smile with my index finger,
I will wear your hat, scarf, and gloves
to feel closer to you,
I will sing your favorite song by Facundo Cabral,
No soy de aquí, ni soy de allá

Before the sun sets,
I will scatter your ashes in the Gulf of Mexico,
but keep a fistful of them
to take you with me wherever I go.

Inner peace

I am standing firm, despite life's sharp claws tearing muscle and flesh, revealing bone.

I hasten my pace whenever shadows threaten to trip, overpower, or strangle me.

I howl my grief before each sunrise to scare away that errant ghost huddling beneath the floorboards.

On my tongue, I balance a hummingbird's nest while I strive for inner peace.

Heart song

A year ago, I woke up next to you.
Our bedroom embraced in penumbra.
I heard your raspy, sickly voice
wish me a happy birthday.
We kissed and clasped
hands beneath cool sheets.
I have placed this memory
within the chambers of my heart.
I hear its song
each time I exhale.

Burnt

Of this, the great burning, I know.
Interminable nights clawing shadows,
masticating memory.

Of this, the great burning, I know.
Offering half-remembered prayers,
blowing smoke on mirrors.

Of this, the great burning, I know.
Now your ashes traverse blue oceans,
swirl among plankton, ignite miniature
flames within sea creatures.
A welcoming glow.

Grey

The grey disquiet of your absence taints each of my nights.
Echoes of unfinished conversations haunt me.
Remnants of your presence lurk throughout our home.
Your bath towel hangs, dejectedly, on its hook.
I have not disposed of your toothbrush.
No one is allowed to clean your shaving brush.
Secretly, I inhale your comb's aroma, and let my fingers
run over everything you once touched.
But life has not stopped.
It has been five years, and I no longer wait for a ransom call.
Even so, the grey persists.

I will say goodbye

To the mute objects in this house.
Your clothes come to life at night.
I find your shirt lying on my pillow
in the morning.

I will say goodbye to everything you
created with your own hands. Those benches
you painted, wait for you. I have not sat on them,
afraid I will start crying, inconsolable.

I will say goodbye to each green branch
on the patio. Sometimes, they reproach me
your leaving. They do not rise to the sky
unless I talk to them about you.

I will say goodbye to the balcony where
we talked about our future. I am not taking
a single brick from this house—
only my memories, and this naked heart.

Musical anatomy

My body knows unheard of songs,
rising above vigorous bone.

Dark melodies coursing through veins,
torrents of grief yet to be unburdened.

Internal voices constantly conspiring
to create a symphony of howls.

Poems burst forth

From the amorous Cenzontle in the Ebony tree,
from the butterflies probing sweet-tasting blooms,
from the green Anole scurrying up the fig tree,
from the lethargic tortoise nibbling on green cacti,
from that lonely seagull laughing at the clouds,
from the ocean breezes drying up these tears,
from the ray of sunshine warming your bent figure,
from the way you loved me, poems burst forth.

DE AMOR Y DESPEDIDAS

Julieta Corpus

Colección Poética

Para quienes han perdido a un ser querido y comprenden que el duelo es un proceso continuo de atar un suspiro a un recuerdo.

Una oración para el duelo

Si se reabren tus heridas,
déjalas respirar.
Si te queman por dentro,
extínguelas con salvia.
Lleva tu duelo alrededor
del cuello como un rosario.
No ignores el dolor,
dejalo aullar.
Aunque te desgarre la laringe;
un contratiempo transitorio
y nada más.
Desentierra cada recuerdo de él.
Habita cada escena y vívela.
Congela el tiempo en tu mente,
hasta que el duelo reinicie el reloj.
Permítele que te consuma.

Deprisa

Amanece. La alarma nos despierta.
Deprisa bajo las escaleras. Él bajará más
tarde, con pasos lentos. Un millón
de pensamientos convergen y se disipan.
Adiós verano. Regreso al trabajo. Un
retorno al circuito interminable de la
rutina. Siempre deprisa, hasta el beso
que seguro le daré de despedida.

Lo veo en el sofá, con los ojos cerrados
en la oscura sala, adolorido... siempre
adolorido. La quimioterapia es un fuego
que lo quema vivo y no tanto al cáncer.

Exhalo. Intento pasar a su lado sin
despertarlo. Pero me habla, *Puedes oler
el aroma a sandía que viene de afuera?*
Sorprendida, me asomo por la puerta
y respiro, *Sí, ¡sí puedo!*

Con un tono alegre me dice, *Es el océano.*
Sonrío, le regalo un beso largo y lento
antes de salir, aún sonriendo.

Pavor

El pavor amenaza con conquistar su cuerpo y su mente
cuando las sombras se alargan. Siente el familiar hormigueo
en las yemas de los dedos. Es inútil luchar.
Metódicamente, empieza a guardar cada herramienta
en su lugar.
Luego entra a la casa y se acuesta en el sofá.
Sabe muy bien lo que le espera, la lava corre por sus venas.
Ese veneno llamado quimioterapia precisa un sacrificio
de cuarenta y seis horas de descanso.

En el patio:
Bancas a medio pintar, bisagras oxidadas, ramas colgantes,
maleza fuera de control, la plataforma cubierta de hojas,
escaleras de madera putrefacta y un porta brazaletes incompleto.
Estas tareas pueden esperar, su tumor no.

Impotente

Nadie te prepara para ese nudo
constante en la garganta,
los intensos dolores en el pecho,
los ojos desbordando lágrimas,
la quijada apretada para no gritar,
el estruendoso latir del corazón con
cada diagnóstico,
el temblor en tus piernas,
la agitación en el estómago,
dificultad para respirar,
tus pensamientos: un fuego rabioso,
la escasez de palabras y la impotencia
que sientes al ver a un ser querido
llorando con dolor.

Ecos de mi madre

No la conoció, pero ambos comparten
el mismo cáncer que la mató.
Veo y escucho los ecos de mi madre:
cada vez que lo veo hacer una mueca de dolor,
cada vez que no puede levantarse del sofá o de la cama,
cada vez que coloca una mano sobre su vientre,
cada vez que tiene la mirada perdida hacia la nada,
cada vez que lo ayudo a vestirse,
cada vez que veo su demacrada flaqueza desnuda,
cada vez que le ofrezco alimento y no tiene apetito,
cada vez que lo contemplo dormido,
cada vez que le doy sus pastillas,
cada vez que se apoya en mí para todo,
cada vez que me siento a su lado.

Veo y escucho los ecos de mi madre:
en los hospitales y en las clínicas,
cada vez que las enfermeras intentan encontrar su vena,
cada vez que me despierta por la noche con sus pesadillas...
esos malditos ecos siempre están en mi mente.

Yo soy

Yo soy
un zarcillo, una llama, un impulso salvaje,
un grito penetrante despertando cuervos dementes,
un repositorio de memorias para tu dolor,
un abrazo en medio del sufrimiento,
un látigo mojado para calmar tus demonios,
No soy mujer...
soy un ser castrado.

Me enamoro

Me enamoro de mis manos
buscando tu rostro cada mañana.

Me enamoro de mi voz
tornándose ronca al decir te amo.

Me enamoro de mis brazos
abrazando tu cuerpo frágil cada noche.

Me enamoro de mis ojos
derramando lágrimas cuando sientes dolor.

Me enamoro de mi cuerpo
porque aún tiembla cuando lo tocas.

Me enamoro de mis labios
pegados a los tuyos suaves en un largo beso.

Vivo enamorada de este corazón,
asombrado de que tú también lo amas.

ADN

Si quieres trazar mi ADN,
sólo sigue la ruta de mis lágrimas.
Las he vertido en restaurantes.
Las he regado dentro de mi coche.
Las he dejado en las almohadas.
Las he derramado dentro de copas.
Las he ensartado en mi ropa.
Las he dejado sobre hombros amistosos.
Las he mezclado con las suyas.

Cuando vengas a vernos, pisa con cuidado...
hay un lago salado en el patio.

Ilusión oscura

Aquí es donde te pierdo,
entre la neblina del sueño de la noche anterior,
y la cáustica realidad de esta madrugada.
Estoy sentada sobre un lento vaivén
suspendido de una nube.
Tú me sonríes desde el lado opuesto.
El tiempo es el hilo, y yo soy la aguja.

Aquí es donde te pierdo,
donde brotan hongos fétidos bajo mis pies.
Entierro los dedos entre el moho y me preparo para lo peor.
El mundo es un mago de la ilusión oscura que me mira
a través del ojo enmohecido de una cerradura.

Aquí es donde te pierdo.
Aquí es donde me arrojo al abismo.

Soñador

Pisamos con suavidad alrededor de su nicho.
sin hacer ruido, sin emitir ni un suspiro
mientras el soñador duerme.

El invierno nos lo ha robado.
No habrá agua ni alimento
mientras el soñador duerme.

El invierno lo ha arrullado.
La primavera lo revivirá.
Cada criatura que sueña
deberá despertar.

Entrevista con la esposa de un paciente de cáncer

Se sienta frente a mí,
evitando hacer contacto directo.
Ambas manos descansando sobre su regazo.
Labios tensos, puños apretados.

Comienzo:
—¿Lo amas?
—*Sí*
—¿Te sientes indefensa?
—*Sí*
                         (Una rotura delgada se forma a sus pies)
—¿Piensas que va a estar bien?
—*No*
                         (La rotura se agranda, es ahora una fisura)
—¿Tiene días buenos?
—*Sí*
—¿Tiene días malos?
—Sí
                         (La fisura se convierte en una falla)
—¿Siente dolor constante?
—*Sí*
                         (La falla se extiende hacia ella)
—¿Escuchas su corazón mientras duerme?
—*Sí*
                         (Su mirada queda fija en la grieta)
—¿A veces evitas mirarlo?
—*Sí*
                         (Su pie cuelga cerca de la orilla)
—¿Te detienes tú misma para no gritar?
—*Sí*

—¿Tienes miedo de no poder detenerte?
—*Sí*
      (Se desliza en la apertura hasta la cintura)
—¿Se ha reconciliado con su muerte?
—*Sí*
—¿Y tú?
—*No.*
Y el hoyo se la traga.
«Fin de entrevista»

Si me voy antes que tú

Escribe un poema acerca de arribos
felices, no partidas inevitables.
Emprende caminatas nocturnas a
lo largo del mar, inhala su esencia.

Siéntate bajo un huisache, cúbrete
el cuerpo con sus flores aromáticas.
Si estás trabajando afuera, detente
para ver las mariposas, habla con ellas.

Duerme a la intemperie en noches de luna
llena, siente la brisa acariciando tu piel.
Deja que Mercedes Sosa te arrulle
con canciones sobre la vida, el amor y la muerte.

Visita mi tumba salada cada noviembre,
lee tus poemas más recientes en voz alta.
Recuérdame como era yo antes,
cuando me conociste.

Si me voy antes que tú, no llores mi muerte
por mucho tiempo. Recuerda lo que
siempre te digo: Si me voy antes que tú,
te estaré esperando.

Dos descendiendo

El hombre de la casa funeraria llega
vestido de negro y con corbata de bolo.
Con un *Buenas noches, Señora,* entra a
la casa. Me dice: *De parte mía y de la empresa
le damos nuestro más sentido pésame.*
Estrecha mi mano. Yo asiento con un sí.
Sin demora, se dirige a la cama y empieza
a envolver el cuerpo de mi esposo dentro
de una sábana. Es un mes de marzo húmedo,
grandes gotas de sudor aparecen en su frente.

Tres cosas suceden rápidamente:
(1) El hombre carga a mi esposo sobre su
Hombro izquierdo, jadeando ya.
(2) Coloca una rosa roja de plástico sobre la cama.
(3) Haciendo un rápido comentario sobre
los altos niveles de humedad en el Sur
de Texas, sale a la terraza y empieza a descender
la escalera, peldaño por peldaño.

Repentinamente, da un traspié, y veo la cabeza
de mi esposo moverse de lado a lado. Exclamo,
sólo para luego ahogar una risita, segura de
que Arturo se hubiera reído de la absurdidad de la muerte.

El hombre se endereza, ríe nerviosamente,
y me dice, "Estoy bien". Yo permanezco
en lo alto de la escalera hasta que la noche se los traga.
Antes de entrar miro hacia el cielo, y sé qu
también yo estaré bien, sólo que no será esta noche.

Sus primeros diez días

El primer día después de su muerte, la viuda se introdujo en un caparazón de cigarra, tragó un puñado de espinas del gran árbol de retama. Luego, recogió cada suspiro atrapado debajo de las tablas, arrojándolos por la ventana.

El segundo día después de su muerte, vistió cada silla con sus camisas favoritas, llenó los cajones de la cómoda con rocas del río y bordó un velo con telarañas.

El tercer día después de su muerte, pidió permiso al océano de su parte, quemó salvia para untar en cada espejo. Hizo un cobertor con páginas de sus poemas para escuchar su voz mientras dormía.

El cuarto día, cada fantasma de su pasado la vino a visitar: hombres, mujeres, niños y bestias se reunieron en la sala. Erguida, ella abrió su caja torácica y mostró sus cicatrices.

El quinto día, se pasó horas tallando su historia en las piedras del jardín. Las usó para formar un *Cairn*, un *inukshuk* para honrar su memoria.

El sexto día después de su muerte, juntó sus cenizas, descalza, para sentir la agonía de su pérdida. Luego, las mezcló con diamantina para crear una nueva galaxia en el vacío entre sus muslos.

En el séptimo día, devoró un plato repleto de tristezas olvidadas que se habían quedado en la alacena durante la última Pascua. Arrojó los huesos en el patio del vecino y observó a los perros masticar el tendón.

El octavo día, la despertó un gran rugido que ella siguió hasta la orilla del agua donde el silencio la hizo comprender, que el sonido había brotado de su propio corazón.

El noveno día, tejió una corona con bugambilia, laurel rosa y glorias de la mañana. Luego, les ensartó vainas del árbol de ébano para hacerse un collar.

El décimo día, se introdujo en el océano con sus cenizas dentro de un guaje. Las vació en el hocico abierto de un delfín bebe quien se materializó después de decir el nombre de su esposo tres veces. Era un hechizo que había aprendido de su madre para invocar a los muertos.

Un pelícano la regresó hasta su casa antes del anochecer.

Yolquetza

Soy este ser fabricado con suspiros.
Expulso aire corrosivo, inhalo
vapores de inquietud.

Soy este ser fabricado con suspiros.
Profeso hablar con los dioses,
genuflecto ante la luna.

Soy este ser fabricado con suspiros.
Me refugio en mis huesos, exprimo
cada pensamiento hasta secarlo.

Soy este ser fabricado con suspiros.
Lo revelo todo con palabras;
grillos moran bajo mi lengua.

Soy este ser fabricado con suspiros.
Rasgo el silencio con las uñas;
aúllo penas reprimidas.

Soy Yolquetza.
Soy Angustia.

Yolquetza en Náhuatl es angustia

Descentrada

Después de escuchar mensajes de
cobradores en el celular, limpiar
la casa, y lavar unos cuantos platos…

Después de traer a nuestra tortuga
del patio, regar la planta frondosa
en la terraza, cerrar cada ventana,
y sentir los ojos cansados de ver
tanta televisión…

Después de completar cada ritual
cotidiano, me detengo ante tu fotografía.

Fuerte inhalación porque
Los recuerdos apuñalan, me llenan
la boca de arena, marean, provocan un
temblor que cimbra mi ser.

No estás aquí.
No regresarás.

Exhalación dolorosa porque
Tu ausencia se ha trinchado un nicho
debajo de mi pulmón izquierdo.

Este mundo

Este mundo es demasiado sin ti. Un sol
fervoroso abrasa las sábanas cada mañana.
Una multitud de cantos de aves
penetra fisuras delicadas.

Las espinas de un cactus saltan, perforando la piel.
Higos del tamaño de un puño maduran
fuera de mi alcance. Hasta nuestra enredadera
se ha vuelto nocturna.

Este mundo es demasiado sin ti. Su peso lentamente
ha empezado a aplastarme desde hace tiempo.
Gravedad, me rindo.

La llorona

Yo soy La llorona, llorona derramando
lágrimas a lo largo de la autopista 48.
Con ambas manos aferradas al volante,
esforzándome para no salir del carril.

Yo soy La llorona, llorona gimiendo
amargamente, totalmente en ruinas.
No rondo ríos buscando a mis hijos,
como en la leyenda. Sólo quiero que
mi amado regrese a mí.

Yo soy La llorona, llorona exhausta
de vivir día tras día. Todo es un tremendo
esfuerzo, hasta la decisión de levantarme
de la cama.

Yo soy La llorona, llorona arrepentida
por haber mentido. Esta mañana le
prometí que no lloraría.

Jaula de hueso

Algún día escaparé de esta
prisión hecha de hueso y tendón.
Ya no le temeré a
piernas trémulas colapsando
hombros que ya no giren,
dedos con sensación de cosquilleo,
dolores de cabeza insoportables,
pulmones que ya no funcionan,
dedos de los pies acalambrados,
intestino digestivo en guerra constante.
Algún día lograré escapar de esta
jaula de hueso y tendón,
y por fin estar en paz.

Ceremonia de graduación, mayo 2016

Radiantes, cruzamos la tarima, sonriéndole
al mundo. Juraría escuchar tu voz distinguida
diciendo que te sientes orgulloso.
Las lágrimas arden, pero no las derramo.
Esta presa puede estancar el cauce de un río.

Minutos antes de concluir la ceremonia, los
truenos agitan los cristales de las ventanas.
Una lluvia incesante nos espera al salir del
Centro de Convenciones en McAllen.
Nuestras vestimentas nos aletean los tobillos,
las borlas azotan nuestros rostros.
La gente corre hacia sus autos.

Me detengo para bailar con el viento, para
devorar la tormenta. Mi madre creía que si
llovía durante un funeral, esto significaba que
el ser amado estaba en paz. Ha de ser lo mismo
para una graduación. ¿Han sido tú y Tláloc, amor,
los que conspiraron para provocar un diluvio?

Al acercarme a mi auto, un sinsonte me regala
una serenata desde un árbol de anacua cercano.
La presa tiembla, pero se mantiene firme.

Vacía

Un hueco es un hueco, un vacío.
Ya no estás aquí.
Vivo con esta cruda realidad a diario.
Un hueco ahora donde antes estaba mi alma.
Un hueco por donde el viento conduce
una sinfonía completa.
He buscado y sigo vacía.
No te escondes bajo el granito
de mi piel.
No estás perdido en las sombras bajo mis ojos.
No te arrastras entre las telarañas nocturnas
de pensamientos nefastos. Simplemente:
te has ido.

Deterioro
Sustantivo: Malgastado, dañado.

Una de las tablas de madera en nuestra terraza está floja.
Emite un maullido cuando la piso.

Una grieta vertical corre a lo largo de la pared este,
se asemeja a la Falla de San Andrés.

Hierba alta protruye por entre los espacios de los peldaños
de arenisca en el patio.

Todo está en deterioro desde que te fuiste. Proyectos
a medio terminar me reprochan desde cada rincón:
focos que deben reemplazarse,
linternas de mano que requieren baterías,
el garaje es un desastre total.

Hay tantas cosas que requieren tu atención.
La casa entera gime, se queja y llora por las noches.

Igual yo.

Algunos días

Algunos días son mejores que otros.
Algunos días, me río con facilidad.
Algunos días escucho tu voz alentadora.
Algunos días, mis lágrimas se secan rápido.
Algunos días, me lleno de planes y esperanzas.
Algunos días, sonrío con los recuerdos.
Algunos días, no sé llenar las horas.
Algunos días, esta casa es demasiado grande.
Algunos días, quiero sentir tu abrazo.
Algunos días, me resisto a creer que te has ido.
Algunos días, no encuentro mi sonrisa.
Algunos días, este mundo simplemente colapsa en mi entorno.

Me doy permiso

Me doy permiso
para llorar cuándo y dónde yo quiera
para platicar con tu fantasma
para besar tu fotografía y elogiar tu rostro.
para reírme en voz alta al recordar tus comentarios
para recobrar el aliento tras escuchar tus mensajes de voz
para detenerme a media canción y soltar el llanto
para decir tu nombre tres veces al viento como un hechizo
para pedirle al universo que me visites en sueños y abrazarte
para enojarme contigo por haberte marchado
demasiado pronto...
Me doy permiso para derrumbarme.

Tejedoras

Zeus castigó a Prometeo dándole un
hígado que se regenera a sí mismo,
sólo para ser devorado por buitres,
una y otra vez. Yo he sido maldecida por
Aracne con arañas industriosas tejiendo
una cadena infinita de maravillas plateadas.

Tejedoras implacables. Día a día,
una tropa de arácnidos diligentes,
tejen más y más frágiles telarañas
debajo de sillas, dentro de tazas de
café, sobre roperos, estantes y cortinas.

Ayer sorprendí a dos arañas envolviendo
tu foto dentro de un capullo. Ahora espero
que te broten alas, logres escapar de tu
entelarañado cautiverio.

Cómo preparar la mente para una limpia

En los recesos de mi mente hay un zaguán.
El zaguán conduce al patio central, donde
un alto y verde árbol de pirul se alza sobre
la mayoría de mis recuerdos de niñez.

Son rostros antiguos los que avistan por entre
las ramas. Sus bocas se abren. Sus labios se mueven
para formar palabras agobiadas de verdad.
Las esparcen sobre mi cabeza y mi corazón canta.
El pirul ayuda en la limpia.
El alivio empieza a través de la poesía.

Agridulce

La palabra me sigue hasta la casa.
Toca mis hombros al insertar la llave
para abrir la puerta.
Declara su amor a una leve brisa que viene
de la Laguna Madre.

Agridulce susurra en mi oído.
Vi tu rostro al estar dibujando
su nombre en la arena.
Entra a mi recámara con un aviso,
Esto es sólo temporario.
Agrio se acuesta a mi lado sin abrazarme.
Toma mi mano hasta que Dulce me visita
en sueños. Con un suspiro, Agrio se marcha
y Dulce se queda.

Propósito

El propósito de este poema llena
esta casa, araña las paredes, agita
las persianas, se vierte en el patio,
acuna a una tortuga adormecida,
inyecta miel y canela en cada árbol frutal,
perturba a los lagartijos,
asusta a los pájaros carpinteros,
alza cada roca para avistar que hay debajo
para luego acariciar a los gusanos.

Este poema se impulsa hasta un cielo azul,
invocando una tormenta.

El propósito de este poema se enrolla
alrededor de mi corazón, apretándolo
me recuerda que ya han pasado dos
meses desde que alguien me anunció
que te marchaste.

Persistencia

Ya sin sombra, renaces en mí
como una flor de loto dichosa,
pureza que ilumina la mayor parte
de los días más oscuros.

En sueños, escucho una voz
llamándome desde el océano.

Miro a las olas depositar tres sílabas
sobre la arena, para pronto devorarlas.

Deambulo cubierta en cenizas por cada
rincón de esta casa, aullando.

Ya sin sombra, fatigas la memoria,
labrando huecos en esta frágil piel,
con tu ausencia.

Oscura promesa

La primavera es dolorosa para ella.
Espíritus de renacimiento se arrastran
a lo largo de las verdes orillas hasta que
Les brotan alas y emprenden el vuelo.
La misteriosa esencia de piel desechada
sirve de reflexión.
Ella opta por quedarse escondida.
Su madriguera es una cosa construida
con plumas suaves robadas de sueños.
La primavera, dice, no consigue revivir
este corazón durmiente de su letargo invernal.
Una tortuga invernante se entierra cerca
en silenciosa solidaridad.
A veces, la noble criatura emerge
dejándola ensimismada
con su mirada inocua: *Si tan sólo yo también*
pudiera escapar de la promesa oscura de la
esperanza primaveral, permanentemente.

Corazón roto

Me convertí en sargazo.
A la deriva en lo vasto del ego.
Encadenada, pero ilimitada.
Sin tierra a la vista para naufragios.
Si los hubiera, habría invocado
a tiburones para protegerla.

Día tras día, aves migratorias aterrizaron
buscando pequeños bocados.
Tesoros escondidos, atrapados entre mis fibras.
Las tortugas pusieron sus huevos. Los protegí,
encantada con los recién llegados.

Mi vientre fue sabio al secarse.
Entró en una extraña hibernación.
Sabía algo que yo nunca entendí.

Corazón roto,
ahora soy el Mar de los Sargazos.
Por siempre reflejando los cielos azules
de mi desvanecida juventud,
preparándome contra las tormentas.

Esa tristeza

Esa tristeza que la acecha,
inyecta en su voz un titilar de lágrimas.
Al hablar, una parvada de vencejos morados
escapan de sus labios, vuelan hacia el sur.

Regresan cuando la primavera besa la tierra,
construyen nidos contra su caja torácica,
sacian el hambre con sus nostalgias.

Evasión

Desde que te perdí, aparto la mirada cuando
una pareja se abraza, se besa, se acaricia,
se toma de la mano, se ríe, celebra aniversarios,
viajan, actúan como tontos, hacen el amor,
se cuidan el uno al otro, envejecen juntos.

Evitar ser testigo de la felicidad de otros,
es un remedio temporal para aliviar un corazón roto.

Cobertor sanador

El mundo del sueño me mantiene cautiva bajo un cobertor color turquesa que mi esposo compró en Costa Rica. Estoy sentada en medio de dos mujeres que hablan una lengua extraña. Manos morenas, marchitas, untan ungüentos aromáticos sobre mi piel expuesta. Labios delgados se abren y se cierran tejiendo plegarias. ¿Lenguaje Maya, quizás?

Me despierto gimoteando y lloriqueando. No hay mujeres rezando por ningún lado, y sus cenizas ya se han mezclado en las corrientes del océano. El cobertor yace a mis pies, en el suelo. Sintiendo el pulso aún latiendo fuerte, emerge una memoria. Escucho su voz profunda narrando esa compra:

El vendedor me confió que el cobertor poseía propiedades sanadoras. ¡Claro! Probablemente usó el mismo cuento con otros turistas.

Esa vez me reí con él del comentario, pero en secreto deseé que esa tela fabricada con retazos lograra curar su cáncer. No lo hizo.

Ese mismo día, doblo el cobertor y lo deposito en la caja de donaciones. Solamente ha traído pesadillas.

Dios del viento

Ehécatl
Ehécatl
Ehécatl

Digo tu nombre de antigüedad cuando te escucho silbar a través de la puerta.
Buscas al hombre que te escribía odas. Ya no está.
Mictlantecuhtli se lo llevó.
En uno de sus poemas, te describió como un dios pícaro, una deidad traviesa.
Te reveló como un ser erótico, alzándole la falda a las mujeres.
Dijo que eras un chiflado, arrancando sombrillas de las manos de la gente.
En mi línea favorita decía que eras un músico meciendo a los árboles, haciéndolos bailar.

Ehécatl
Ehécatl
Ehécatl

Esta noche llegaste rastreando otro poeta que resucite tu mito.
No busques más.
Aquí estoy.

Hace cinco lunas llenas

La muerte logró privarme de
tu presencia física, pero todavía
no te has ido de mi lado.

Veo tu sonrisa.
Escucho tus carcajadas.
Cruzas mi mente, bailando.

Hace cinco lunas llenas te dije adiós.
Me pregunto cuántas lunas más
restan aún para que exhalar
mi último suspiro y vernos de nuevo.

Tú

Entrelazado en las notas del cenzontle que se posa día a día en las ramas del huizache,
navegando sobre brisas procedentes de la Laguna Madre,
reavivando mis recuerdos,
atrapado en la mirada reptil de lagartijas adheridas a las cálidas paredes
bajo un sol veraniego,
bailando al ritmo de las olas de un océano enamorado que me acaricia las piernas cada tarde, montado en nubes pasajeras de cielos nocturnos cuajados de aves,
en la risa de gaviotas revoloteando sin tregua sobre una casa azul en llamas,
en el eco de mi voz quebrada por la emoción cuando menciono tu nombre,
en cada una de mis lágrimas deslizándose despacio
y derramándose en mi pecho,
encajado en cada verso de los poemas que escribo porque no puedo gritarlos,
prendido a cada latido de este corazón hecho trizas por ti.

Negro agosto

Hace seis meses, te besé por última vez.
Un canto de ave murió en mi pecho.
Una X marca el lugar.
Camino de puntillas a su alrededor
mientras tus recuerdos bailan
un vals a través de mi mente.
Océanos inquietos irrumpen cada sueño,
dejando atrás rastros
de arena y sal.

Lágrimas de remembranza humedecen sábanas.
Honro tu memoria escribiendo un poema
cada vez que la fragancia del océano te trae a mí.

Imperativos para continuar

Llora cuando sea necesario.
Exclama su nombre cada vez que una brisa del océano
te traiga una memoria suya, esperando resurrección.
No ignores el mundo exterior cuando te llame
con sus floraciones perfumadas, el zumbido de abejas,
y un cielo azul violeta.
Marca el sexto aniversario con un viaje a su lugar favorito;
permanece allí por un tiempo y reflexiona sobre tu pérdida.
Recoge flores silvestres, duerme e invoca su fantasma.
Canta una canción que acabas de escuchar en la radio,
recita las primeras líneas de "Si" por Rudyard Kipling.
Visita el río más cercano donde puedas calmar tu sed,
El agua es vida lo escribió en uno de sus poemas sobre el mar.
Maravíllate ante todo lo que llevas en tu corazón que aún late
al ritmo de sus carcajadas, sus anécdotas, y esa increíble
historia de amor que ambos tejieron.
Un día que estés sentada a la orilla del agua, escucharás:
El dolor es el precio que pagas por amar...
Déjate colapsar ante el peso de esas palabras.

Memorias

Memorias, lirios blancos flotando
suavemente en aguas turbias.

Pisamos ligeramente sobre algunas,
temerosos de disolverlas.

En otras nos plantamos con firmeza,
quedándonos quietos, rezando por estabilidad.

Restos de ti

Interactúo con tu fantasma,
leyendo viejos textos del celular.
Tu voz cobra vida.
Escucho con claridad tu tono juguetón.
Veo tu sonrisa al cerrar los ojos,
y esas arrugas alrededor de los tuyos,
tan expresivos.
Los mensajes encapsulan tu rutina diaria:
saludos mañaneros, noticias médicas,
viajes cortos a ferreterías, tu lucha por
ingerir sólidos, y alguna que otra
mención sobre el nivel de dolor e incomodidad
que sientes en ese momento.
Sonrió con tus piropos.
Sonrió con tu ingenio mordaz.
Sonrió con tus observaciones.
Sonrió con tus intentos de incluir emojis
en tus mensajes de texto.
No hago intento alguno de detener
las lágrimas cuando llegan.

Permanencia

Sigues allí, bajo la sombra de nuestro ébano,
riendo a carcajadas. Sé que eres tú quien
va marcando un sendero de sal hacia el océano.
Juego a las escondidas con tu barba gris
mientras descanso mi tristeza en tu hombro.

A veces distingo tu regio perfil entre las verdes
hojas de la higuera. Entonces me quedo un rato
platicando con las brisas veraniegas que conspiran
en formar y luego deshacer tus contornos.

Sigues allí haciéndote pasar por una mariposa
bebiendo mis silencios. Tu persistencia se ve reflejada
en la testarudez de nuestro cactus floreciendo cada mes.

A veces te vas, y en ese intermedio, me alimento con
telarañas suspendidas en el tiempo.
Bailo un vals descalza con páginas arrancadas del calendario.
A tu regreso, todo adquiere el aroma melifluo
de la permanencia.

Tamborileo

El persistente tamborileo de un pájaro
carpintero me despierta de un sueño sobre ti.
Intento recordarlo, pero sólo llegan fragmentos.

El intruso renueva su ataque contra nuestras
vigas de madera, haciendo añicos toda paz.

Parpadeando, bostezando y estrechándome
salgo al balcón. El destello rojizo y brillante de
una cabecita parece burlarse desde el árbol de mezquite.

Justo hace unos meses estabas a mi lado, apuntando
una resortera hacia ese destructor de casas.
Le rozaste su ala y protesté. Tu respondiste:

¿Qué más puedo hacer? Mira todo el daño
Que ha causado.

Su voz me llega fuertc y clara.
Un pinchazo de dolor me roba el aliento...
Te extraño, te extraño, te extraño.

Tu partida final, el pico afilado de un pájaro carpintero
cresta roja perforando una fisura en mi corazón.

En sueños

Monstruosas olas del mar te alcanzan para devorarte,
cielos cerúleos derraman flores multicolores,
muertos en vida se arrastran por cada ciudad,
una enana sin brazos te narra su vida,
una ópera Italiana logra conmoverte hasta las lágrimas,
una nube repleta de estrellas desciende frente a tus pies,
dioses antiguos anuncian la muerte de tu madre,
puedes hablar en diferentes lenguas con gente extraña,
el pueblo de tu niñez vuelve a la vida para una visita,
tú y tu amado platican por un largo tiempo,
cuervos con picos filosos acechan desde altos alambres tensos,
hoyos profundos aparecen de la nada para tragarte entera,
un paseo en alfombra mágica es totalmente posible,
puedes ver a tus seres queridos vivos otra vez
en sueños.

El ascenso

Un rayo de luz solar revela un exoesqueleto
translúcido pegado debajo de la escalera.

La abertura a lo largo del torso de la chicharra,
señala un escape triunfante de su frágil cuerpo.

¡Júbilo!
Un sonido más tiembla entre el coro veraniego.

¿Por qué será que el ascenso de una chicharra
me ha provocado el llanto?

Determinación

El lado oscuro del mundo me despierta.
Una alerta ámbar envía fuertes vibraciones
por el teléfono celular.
Una micro ficción empieza a hervir
dentro de mi agotado cerebro:
¿Quizás otro padre contrariado ha
llevado las cosas demasiado lejos?

Aún en cama, reviso los sitios sociales de la red
y descubro que uno de mis compañeros de preparatoria
acaba de morir de cáncer.
La trágica noticia fortalece mi determinación de vivir
y de amar, y vivir y amar más.

Llega una frase que fácilmente
la hubiera pronunciado mi esposo:
Nuestro tiempo en la tierra es frágil,
y por esta razón debemos vivir la vida al máximo.

Afuera, un amanecer cinemático
despeja toda pesadumbre.
Sonrío al pensar en mi joven sobrina acostada
en el sofá del piso inferior.
Vino a acompañarme el fin de semana.
Pero luego, de forma espontánea:
El sofá donde él exhaló un último suspiro
hace unos meses...

Una pesadumbre se posa en mi pecho y permanece.

Reminiscencia

Aquí es donde la poeta contiene la respiración,
y verdades antipáticas arden lentamente.
Donde su corazón, antes flameante, ahora sólo hay cenizas.

Aquí es donde los susurros rebotan de la pared,
percolando por toda la casa hasta que ella hace añicos
cada murmullo con un martillo.

Aquí es donde la memoria. Aquí es donde el amor,
donde la poeta duerme junto a su fantasma,
embalsamando su dolor en amor y reminiscencia.

Transformación

Abre tus ojos,
mira hacia afuera,
ignora su lado de la cama,
                           estírate.
Considera planes,
reorganiza prioridades,
permite que tu mirada
se detenga en su almohada vacía,
trágate la primera píldora amarga,
baja las escaleras, mientras lo haces,
bloquea cada memoria llena de dolor;
                           prepara el café,
Sorbe y recuerda viejas conversaciones,
escucha su voz en tu mente
profunda y amorosa,
trágate la segunda píldora amarga,
conviértete en chuparrosa,
pasa el resto del día
buscando sólo lo dulce.

Sobre todo

De lo alto a lo bajo, la marea
de su dolor sube.
De lo alto a lo bajo
se hunde.
Nadie tiene permiso
para rozar su flotabilidad.
A ella se le conoce como
alguien capaz de mantener
la misma posición
por horas y horas de los siglos,
amén.

Trascendencia

En la ausencia de gorriones,
la palabra *soledad* adquiere sustancia.

Brisas otoñales agitan ramas desnudas,
Y un cielo gris suspira desahogado.

Es cuando ella empieza a levitar...

Fuego interno

Permanezco de pie, aun cuando las garras filosas de la vida han dejado cicatrices visibles en mi piel. Equilibro un nido de colibrí sobre mi lengua mientras lucho por sobrellevar este duelo. Apresuro el paso cada vez que las sombras amenazan con hacerme caer, abrazarme o estrangularme. Me carcajeo escandalosamente para ahuyentar el fantasma de aquella antes de cada amanecer. Una barba blanca y suave roza mi cara cuando duermo. Sé que es él.
Cuando figuras peligrosas y oscuras forman un círculo a mi alrededor, exhalo llamas internas y las convierto en cenizas.

Ayer

Ayer, tu muerte detuvo
el viento, perturbó
un rugido desde el otro lado
del silencio.

Ayer, tu muerte rebanó
a este corazón en dos mitades:
un pedazo cayó en tu boca,
el otro se lo robó un cenzontle.

Un sueño reveló dónde quedó
el resto de mi corazón. El astuto
pájaro tejió ramitas y hojas secas
a su alrededor. Hizo un nido.
Dentro del nido, la promesa de
una nueva vida.

La verdad es que

Los colibríes esquivan nuestras flores,
tu ausencia ha contaminado su néctar.

Los cenzontles entran y salen del jardín,
pero sin tejer ni un solo nido.

Nuestros pelícanos han cambiado su ruta
permanentemente después de tu partida.

Los lagartijos corren por todos lados
evitando mi presencia, escondidos bajo las rocas.

Las mariposas construyen sus capullos,
pero sólo en los hibiscos de los vecinos.

Hasta nuestra tortuga parece buscarte,
atravesando el patio durante todo el día.

La verdad es que hasta el mismo sol ha dejado
de calentar desde tu partida, mi amor.

Enseñanzas

En los pocos años que compartimos,
me enseñaste los nombres de las flores
silvestres, sobre cambios climatológicos,
tus opiniones religiosas, el comportamiento
de las lagartijas, las mareas de los océanos,
autores favoritos, la importancia de ser bondadoso,
la generosidad de espíritu, las constelaciones,
revisiones poéticas, los sacrificios de tu madre
y los horrores fraternales,
acerca de eclipses solares y lunares,
sobre la pasión, la frágil belleza de una mariposilla,
a aceptarme a mí misma,
a sentirme segura entre tus brazos,
el arte de la conversación,
cómo amar tu barba y cómo amarte a ti.
Pero se te olvidó enseñarme a navegar el dolor
después de tu partida.

Antes del anochecer

Un colibrí se alimentará de cien flores para sustentarse,
un cenzontle nos regalará una serenata
con los cuatrocientos cantos de su repertorio,
los lagartijos corretearán por nuestro patio
consumiendo una multitud de pequeños insectos,
un higo empezará a madurar en la rama más alta del árbol,
la maleza seguirá creciendo más grande y más robusta
bajo la ventana de nuestra cocina.

Antes del anochecer,
acariciaré cada uno de tus recuerdos en mi memoria,
diré tu nombre en voz alta por cada rincón de esta casa
me detendré frente a tu fotografía
y trazaré tu sonrisa con el dedo índice,
me pondré tu sombrero, bufanda y guantes
para sentirte más cerca de mí,
cantaré tu canción favorita de Facundo Cabral,
No soy de aquí ni soy de allá.

Antes de que el sol caiga,
esparciré tus cenizas en el Golfo de México,
pero me quedaré con un puñado de ellas
para llevarte conmigo a todas partes.

Paz interior

Me mantengo firme, a pesar de las filosas garras
de la vida rasgando músculo y carne, exponiendo el hueso.

Apuro el paso cada vez que las sombras amenazan
con tropezarme, abrazarme o estrangularme.

Aúllo mi dolor cada amanecer, para asustar a ese
fantasma errante agazapado debajo de las escaleras.

Sobre mi lengua, albergo un nido de colibríes,
mientras me afano por encontrar paz interior.

Canto del corazón

Hace un año, desperté a tu lado.
En la penumbra de nuestra recámara,
oí tu voz rasposa, débil,
deseándome un feliz cumpleaños.
Nos besamos y entrelazamos
nuestras manos por debajo
de las sábanas frescas.
He guardado este recuerdo
en las cavidades de mi corazón.
Escucho su canto
cada vez que exhalo.

Incinerada

Este, el gran incendio, yo lo entiendo.
Noches interminables arañando sombras,
masticando recuerdos.

Este, el gran incendio, yo lo entiendo.
Ofreciendo rezos recordados a medias,
soplando humo en los espejos.

Este, el gran incendio, yo lo entiendo.
Hoy tus cenizas atraviesan océanos azules,
giran entre plancton, van encendiendo diminutas
llamas en criaturas marinas.
Una incandescencia acogedora.

Gris

El gris desasosiego de tu ausencia tiñe cada una de mis noches.
Ecos de conversaciones inconclusas me persiguen.
Hay restos de tu presencia merodeando nuestro hogar.
Tu toalla de baño cuelga desalentada en su percha.
No he desechado tu cepillo de dientes en la basura.
Nadie tiene permiso de limpiar tu brocha de afeitar.
En secreto, aspiro tu aroma en el peine,
y dejo que mis dedos recorran todo lo que un día tocaste.
Pero la vida no se detiene.
Ya han pasado cinco años, y no espero una llamada de rescate.
Aun así, el gris persiste.

Diré adiós

A los objetos mudos de esta casa.
Tu ropa cobra vida por las noches.
Tu camisa amanece aquí en mi almohada.

Diré adiós a todo lo que creaste
con tus manos. Las bancas que pintaste
aún te esperan. No me he sentado en ellas
por miedo a romper en llanto, inconsolable.

Diré adiós a cada rama verde que está
en el patio. A veces me reprochan tu partida.
No se elevan al cielo si no les hablo de ti.

Diré adiós al balcón donde un día planeamos
un futuro. No me llevo ni un ladrillo de aquí,
sólo mis recuerdos, y este corazón desnudo.

Anatomía musical

Mi cuerpo conoce cantos nunca escuchados,
elevándose sobre hueso vigoroso.

Oscuras melodías corriendo por mis venas,
torrentes de dolor por derramar.

Son voces internas conspirando constantemente
para crear una sinfonía de aullidos.

Brotan poemas

De aquél amoroso cenzontle en el árbol de ébano,
de las mariposas palpando flores con sabor dulzón,
de ese lagartijo anolis deslizándose por la higuera,
de aquella letárgica tortuga mordisqueando el verde nopal,
de esa solitaria gaviota riéndose de las nubes,
de las brisas del océano secando estas lágrimas,
de aquél rayo de sol calentando tu figura encorvada,
de la forma en que me amaste, brotan poemas.

THE AUTHOR

Education

MFA University Texas Pan American 2016
Tesis: If This Heart Had A Mouth:
A Forbidden Romance Narrated Through Mimesis: Poems
BA Interdisciplinary Studies University Texas Pan American 1996 (English and Art)

Publications

Books of Poetry

Borderland Mujeres, SFASU Press (Texas A&M Press Consortium), 2021
Of Love and Departures, EM Editorial, 2021

Poetic participations in edited anthologies (Selected)

"Hombre Humo/Smoke Man", Boundless Rio Grande Valley International Poetry Festival Anthology, 2019
"Es Inútil/Uselessness", Boundless Rio Grande Valley International Poetry Festival Anthology, 2018
"Move to San Miguel", Only in San Miguel Volume III, 2017
"Since Your Departure/The Wind/Mariposa Sin Alas es Gusano", Writing to Be Heard Escúchame Voices From the Chicho, Otras Voces Publishing. 10th Anniversary Anthology, Narciso Martinez Cultural Arts Center Writer's Forum, 2016
"Wintered", Texas Poetry Calendar, December 2016
"Fire/We Throw Ourselves to Bed/Farewell", International Festival of Latin American Poetry: (feipol), 2016

"I Want To Exalt Your Laughter In This Language", Boundless Poetry Rio Grande Valley International Poetry, 2015

"The Wind" di-věrsé-city, Austin International Poetry Festival Anthology, 2011

"The Wind", Boundless The Anthology of the Valley Rio Grande Poetry Festival, 2011

"San Miguel de Allende", Only in San Miguel Volumen II, 2011

Poems in University Publications and Network Publications

"Dreaming Monarchs/Iron", *Interstice, A Literary Publication of South Texas College*, 2017

"Nowhere Men", *Interstice, A Literary Publication of South Texas College*, 2011

"I Wrote a Poem", *Gallery, A Student Literary Arts Magazine*, 2011

"Nocturnal Journeys", *Interstice, An Annual Publication of South Texas College*, 2009

"The Hours/Angelic Traveler," *Tierra Firme, Hispanic Cultural Magazine, South Texas College,* 2009

"Eco", *Gallery, A Student Literary Arts Magazine,* 1995

Presentations (Selected)

Guest Reader, International Poetry Festival: Word In the World, May 2021

Guest Reader, Poets of Cupatitzio, via Zoom, September, 2020

Speaker, Latin American Pedagogical Conference, via Zoom, September 2020

Presenter, The Whole People's Union (L.U.P.E), via Zoom, August, 2020

Moderadora, Michael Sekula Public Library's FridaFest, via Zoom, July, 2020

Guest Reader, Frida Festival, via Zoom, July, 2020

Special Guest, Social Cultural Doctoral Course, via Zoom, April, 2020.

LA AUTORA

Educación

> MFA Universidad Texas Pan American 2016
> Tesis: If This Heart Had A Mouth:
> A Forbidden Romance Narrated Through Mimesis: Poems
> BA Interdisciplinary Studies University Texas Pan American 1996 (English and Art)

Publicaciones
Libros de Poesía

Borderland Mujeres, SFASU Press (Texas A&M Press Consortium), 2021
Of Love and Departures, EM Editorial, 2021

Participaciones poéticas en antologías editadas (Seleccionadas)

"Hombre Humo/Smoke Man", Boundless Rio Grande Valley International Poetry Festival Anthology, 2019
"Es Inútil/Uselessness", Boundless Rio Grande Valley International Poetry Festival Anthology, 2018
"Move to San Miguel", Solamente en San Miguel Volumen III, 2017
"Since Your Departure/The Wind/Mariposa Sin Alas es Gusano", Writing to Be Heard Escúchame Voices From the Chicho, Otras Voces Publishing. 10th Anniversary Anthology, Narciso Martinez Cultural Arts Center Writer's Forum, 2016
"Wintered", Texas Poetry Calendar, December 2016
"Fuego/Nos Tiramos A La Cama/Despedida", Festival Internacional de Poesía Latinoamericana: (feipol), 2016

"I Want To Exalt Your Laughter In This Language", Boundless Poetry Rio Grande Valley International Poetry, 2015

"The Wind" di-vĕrsé-city, Austin International Poetry Festival Anthology, 2011

"The Wind", Boundless The Anthology of the Valley Rio Grande Poetry Festival, 2011

"San Miguel de Allende", Solamente en San Miguel Volumen II, 2011

Poemas en Publicaciones Universitarias y Publicaciones en la Red

"Dreaming Monarchs/Iron", *Interstice, A Literary Publication of South Texas College*, 2017

"Nowhere Men", *Interstice, A Literary Publication of South Texas College*, 2011

"I Wrote a Poem", *Gallery, A Student Literary Arts Magazine*, 2011

"Nocturnal Journeys", *Interstice, An Annual Publication of South Texas College*, 2009

"Las Horas/Viajero Angelical", *Tierra Firme, Revista Cultural Hispana, South Texas College*, 2009

"Eco", *Gallery, A Student Literary Arts Magazine,* 1995

Presentaciones (Seleccionadas)

Lectora Invitada, Festival Internacional de Poesía: Palabra En el Mundo, Mayo de 2021.

Lectora Invitada, Poetas de Cupatitzio, vía Zoom, Septiembre de 2020.

Ponente, Conferencia Pedagógica de Latinoamérica, vía Zoom, Septiembre de 2020.

Presentadora, La Unión Del Pueblo Entero (L.U.P.E), vía Zoom, Agosto de 2020

Moderadora, Michael Sekula Public Library's FridaFest, vía Zoom, Julio de 2020.

Lectora Invitada, Festival de Frida, vía Zoom, July, 2020

Invitada Especial, Social Cultural Doctoral Course, vía Zoom, Abril de 2020.

This book has been edited and published by
EM Editorial
PO Box 942
Brownsville, TX. 78522 U.S.A.
RN: 2018-00016826
Cameron County, TX.

Made in the USA
Columbia, SC
06 June 2021